INDICATIONS

SUR

la prostitution vulgivague à Paris

depuis le début de la guerre

Communication faite à la Société de Prophylaxie sanitaire et morale

PAR

M. le Dᵣ LE PILEUR

Médecin de l'Infirmerie de Saint-Lazare

PARIS

IMPRIMERIE TYPOGRAPHIQUE R. TANCRÈDE
15, rue de Verneuil, 15

1918

INDICATIONS

SUR

la prostitution vulgivague à Paris

depuis le début de la guerre

Quelques semaines après les débuts de la guerre, le Corps de Santé du camp retranché de Paris apprit avec une vive émotion que les maladies vénériennes, blennorrhagie et syphilis, avaient envahi les cantonnements de nos pauvres soldats, et, qu'en plus de l'ennemi exécré, ils avaient à se défendre contre deux pestes aussi terribles l'une que l'autre, rien qu'au point de vue militaire. — Les Français ont avant tout besoin de chercher la raison des choses, et, quand on croit connaître cette raison, ce qui est déjà un grand soulagement pour l'esprit, il faut trouver l'individu ou l'agent coupable de la mise en action du phénomène. Alors, comme on a cru mettre la main sur le Bouc émissaire, on crie : Haro ! et tout est dit. Le reste, c'est-à-dire les remèdes soit physiques, soit moraux, viendront plus tard, mais le principal est fait.

Ici, c'était, bien entendu, la Préfecture de police, autrement dit, la Police des mœurs que l'on accusait, et contre laquelle se tournaient toutes les inimitiés. Je résolus alors de voir par moi-même ce que ces accusations pouvaient avoir de bien fondé, et telle est l'origine du travail que j'ai l'honneur de vous communiquer.

Les observations et les chiffres qui vont suivre n'ont pas, bien entendu, la prétention de représenter la prostitution parisienne tout entière; ils sont fournis seulement par la partie de la prostitution vulgivague que son racolage fait arrêter et que le Dispensaire de salubrité envoie se faire soigner à l'Infirmerie spéciale de Saint-Lazare. Encore ne pourrais-je donner que les résultats fournis par un seul des cinq services qui composent cette infirmerie, mais ces services sont si sensiblement égaux que ce qui se passe dans l'un peut être regardé comme la reproduction des qnatre autres, et même, sans grande exagération, comme le reflet très exact de toute la basse prostitution de la grande ville.

Le 31 juillet 1914, les prostituées vénériennes en traitement à l'infirmerie spéciale de Saint-Lazare étaient, *en tout*, au nombre de 100; le 17 août, ce nombre, déjà très faible, tomba à 71. La cause était : un service un peu désorganisé par la mobilisation.

J'allai trouver M. Laurent, qui venait d'être nommé Préfet de police, pour lui signaler l'intérêt, pour la santé de nos soldats, d'une surveillance plus active de la prostitution vulgivague. M. Laurent donna des ordres immédiatement, et le service se réorganisa rapidement.

Le chiffre des prostituées en traitement à l'infirmerie spéciale s'éleva à 206, le 31 août, pour augmenter encore et atteindre son maximum, 292, le 3 novembre.

Mais les résultats parurent être nuls, car, contrairement à la loi d'hygiène qui veut que le *nombre des hommes contaminés soit en raison inverse de celui des contaminatrices retirées de la circulation*, le bruit se répandait que les cas de syphilis et de blennorrhagie pullulaient chez nos soldats un peu partout, mais surtout sur le front.

D'où pouvait provenir une semblable anomalie ? Arrestations plus nombreuses de prostituées et pourtant augmentation du nombre des infections chez les hommes !

L'explication de ce phénomène que je soupçonnais, sans en être certain, m'a été fournie par les onze ou douze cents observations prises par moi-même dans mon service pendant les années 1913, 1914, 1915, 1916 et 1917.

En effet, il y a une autre loi bien connue des hygiénistes de la prostitution, c'est que : *les Filles Soumises sont beaucoup moins atteintes de maladies veneriennes que les prostituées Insoumises*, et s'il en faut une preuve, je dirai que, de mes observations relevées pendant vingt-cinq ans, il résulte que sur 100 prostituées vénériennes, il y a à l'infirmerie de Saint-Lazare, en permanence et en chiffres ronds, 75 Insoumises et seulement 25 Filles Soumises.

Or, qu'avait produit ce flot énorme de prostituées arrivant presque à tripler l'effectir quotidien de l'infirmerie spéciale à la fin de 1914 et en 1915? Ce flot n'avait pas produit comme on aurait pu le croire, une augmentation dans les chiffres des maladies, mais un changement énorme, un véritable bouleversement dans le rapport des Filles Soumises malades aux Insoumises malades. Ce rapport, en effet, était monté de 25 o/o, chiffre habituel, ainsi que je viens de le dire, à 41 o/o dans le 4e trimestre de 1914, à 61 o/o en 1915 et à 44 o/o en 1916.

Cependant, le nombre des prostituées syphilitiques soignées dans ces trois années, non-seulement n'avait pas augmenté, mais avait plutôt diminué et le chiffre des blennorhagies était demeuré à peu près sans changement. (Voir tableau I). Toutes les suppositions qu'on avait faites et qu'on était tenté de faire encore étaient donc mauvaises, et il fallait chercher ailleurs.

Je refis alors mon enquête et en consultant le chiffre des entrées des prostituées suivant leur situation administrative, je ne tardai pas à reconnaître que ce bouleversement dans les rapports, bouleversement si considérable au premier abord qu'il ne tend à rien moins qu'à vous dérouter complètement, devait être dû, tout simplement, à un phénomène très naturel, mais auquel on ne s'attendait pas et qui, en tout cas, aurait surpris tout le monde, c'est à savoir : la diminution, pour ne pas dire la *disparition* sur le pavé de Paris de la prostituée Insoumise. En effet, libre d'aller où bon lui semble, peu ou mal connue des agents, au fait de toutes les ruses, d'une hardiesse capable d'en remontrer aux plus vieux routiers, l'Insoumise avait pu échapper à la surveillance des *Mœurs* et, sans souci du traitement qu'elle suivait à l'une des consultations

TABLEAU I INDIQUANT PAR ANNÉES

LE NOMBRE DES CAS DE MALADIE SOIGNÉS

	I	II	III	IV	V	VI	VII	VIII	IX
ANNÉES	Syphilis récentes	Syphilis anc.	Total des Syphilis	Chancres mous	Affect. gonoc.	Affect. psor. ou paras. (1)	Malades nouv.	Malades venues antér.	Total des indiv. soignés
1904...	78	61	139	4	98	50	204	76	280
1905...	87	77	164	7	71	46	181	96	277
1906...	86	74	160	12	74	50	186	94	280
1907...	63	88	151	17	86	56	202	88	290
1908...	35	78	113	16	91	39	189	63	252
1909...	41	45	86	5	95	57	172	43	215
1910...	36	49	85	7	101	46	162	51	213
1911...	61	72	133	6	110	58	194	77	271
1912...	34	131	165	11	161	62	277	64	341
1913...	65	70	135	11	162	67	234	85	319
1914...	51	68	119	12	190	93	223	142	365
1915...	16	84	100	4	138	65	125	121	246
1916...	48	69	117	6	137	96	204	85	289
1917...	70	40	110	4	148	82	198	80	278

(1) Dans les chancres mous, les gonococcies et enfin les affections parasitaires ou psoriques, il y a souvent des accidents qui se superposent à d'autres et qui, étant dénombrés de leur côté, pourraient faire croire à un nombre de malades plus grand qu'il n'est en réalité. Ceci fausserait les rapports et pour les avoir exacts, il faut se fier uniquement aux chiffres des colonnes VII et VIII dont le total donne bien le chiffre des individualités soignées c'est-à-dire le chiffre des femmes rentrées pour la première fois cette année là et celui des femmes revenues des années précédentes.

Pour fixer les idées, prenons par exemple l'année 1911. Elle donne pour

La Syphilis..................... 133

Les chancres mous.......... .. 6

La gonococcie.......... 110

Autres affections............. 58

— —

Total............... 307

D'autre part on a, colonne VII, nouvelles........... 194
Et colonne VIII, anciennes................ 77

271

La différence, 36, entre ces deux totaux est formée par les cas de maladies superposées et devant être négligés pour établir le rapport des cas d'une maladie à 100 individualités.

hospitalières de Paris, elle avait, par tous les moyens de loco-
motion possibles, pris son essor vers les lignes de combat dont
les héroïques défenseurs, dans leurs stations ou cantonnements
de repos, avaient été rapidement infectés par elle.

Voilà donc les raisons qui pouvaient faire croire à un état
sanitaire moins bon chez les Filles Soumises, alors que, de
même que par le passé, c'était toujours le contraire qui avait
continué à se produire.

Mais ce que je viens d'avancer n'était qu'une hypothèse et
ma confiance dans celle-ci ne suffisait pas, il me fallait en faire
la preuve, et j'avoue qu'au premier abord, je me trouvai assez
embarrassé pour expliquer comment de 25 o/o, rapport des
Filles Soumises malades aux Insoumises malades, cette propor-
tion avait pu s'élever, ainsi que je viens de le dire à 41 et même
61 o/o.

On a dit bien du mal de la statistique et pourtant, dans ce
cas particulier, ainsi que dans beaucoup d'autres du reste, elle
m'a été fort utile.

Depuis vingt-cinq ans, je tiens d'une façon très exacte la
statistique de mon service, et sans avoir besoin de remonter
aussi haut, en prenant seulement les chiffres fournis par les dix
années qui ont précédé la guerre, j'ai trouvé que pendant cette
période, les cas de syphilis récents, ceux dont le début ne
remonte pas à plus d'un an, étaient en moyenne de 19.8 o/o,
des entrées totales. Mais voilà qu'en 1915, ce rapport change
tout à coup et il n'est plus que de 6.5 o/o, minimum qui n'avait
jamais été atteint en vingt-cinq ans. Or, les médecins de Saint-
Lazare et ceux du Dispensaire de salubrité, savent bien que la
syphilis récente est l'apanage de la prostituée Insoumise et
constitue pour elle, d'après mes observations, la troisième
phase de sa vie publique, la première étant la *défloration*, la
deuxième la *prostitution*, la troisième, la *syphilis*.

Ce faible chiffre des syphilis récentes, internées à Saint-
Lazare, établissait d'une façon indéniable la diminution des
arrestations d'Insoumises malades et venait prouver la jus-
tesse de mon hypothèse en permettant de mettre uniquement

sur le compte d'un grand essaimage de la jeune prostitution cette effroyable multiplication des cas de syphilis primitives ou récentes dans tous les points occupés par nos troupes.

Cette constatation était d'autant plus désolante qu'elle ne permettait pas d'entrevoir un terme à cette triste situation, quand un phénomène inverse vint se produire qui ramena à peu près tout à la normale : je veux parler des envois en permission des militaires, permissions qui ont commencé à jouer quinze ou dix-huit mois après le début des hostilités.

Alors, en effet, ont commencé ces pérégrinations de soldats venant du front et arrivant à Paris, soit pour y séjourner pendant leur petit congé, soit pour traverser la ville avant de se rendre dans leur pays.

Ces hommes que l'entraînement et simplement l'esprit d'imitation, pour le plus grand nombre, incitaient à des rapprochements faciles, ne pouvaient se contenter des six mille Filles inscrites à la Préfecture et les Insoumises qui les avaient suivis au front, vinrent, en partie, les rejoindre à Paris, où, du reste, fonctionnait déjà le contingent prostitutionnel de l'année ; car il faut bien savoir que, tous les ans, il y a un certain nombre de jeunes filles qui entrent dans cette triste carrière, comme d'autres dans un atelier.

C'est épouvantable à penser, c'est répugnant à écrire, mais tant que le sens moral, aidé de la religion, n'aura pas redressé ces esprits faussés par les mauvais exemples du vice qu'ils rencontrent partout, la fable du minotaure sera toujours une horrible vérité.

Depuis ce temps, les Insoumises, trouvant dans les permissionnaires des clients nombreux et faciles, sont restées plus fidèles à Paris et la preuve m'en est encore donnée par mes chiffres, car, si en 1915 les cas de syphilis récentes étaient de 6,5 0/0, ils montaient en 1916 à 16,6 pour atteindre en 1917 un chiffre rarement rencontré : 25 0/0 ! Ce chiffre, en prouvant l'activité de la surveillance administrative, établissait aussi hélas ! dans quel effroyable état pathologique se traînaient ces malheureuses, qui, infectées à leur tour par ceux que leurs camarades avaient rendus malades, auraient suffi à empoisonner toutes les armées de l'univers.

De tout ce que je viens de dire ressort pour moi une constatation qui n'est pas sans me causer une certaine satisfaction scientifique. Je crois avoir établi, en effet, qu'il n'y a pas eu, dans ces graves circonstances, une anomalie aux lois importantes dont j'ai fait mention. Si le chiffre de la population de Saint-Lazare a augmenté au début de la guerre, cette augmentation a porté sur le nombre des affections cutanées ou parasitaires (eczéma, gale, etc.), mais pas du tout sur le nombre des affections contagieuses vénériennes proprement dites, et cela devait être. En effet, après les ordres de surveillance plus actives qui leur furent donnés, les agents arrêtèrent autant qu'ils purent toutes les prostituées qui n'étaient pas absolument en règle. Celles-ci, dont la peau est fréquemment le siège de lésions parasitaires, vinrent alors encombrer nos services d'où nos réclamations motivées les firent rapidement sortir.

Mais, au contraire, dès que les prostituées Insoumises reparurent, elles tombèrent bientôt sous la surveillance des agents des mœurs, et le résultat positif, tangible du bien fondé de cette administration, qui, malgré ses grands défauts, a tant d'utilité, c'est d'avoir interné à l'infirmerie de Saint-Lazare, autrement dit d'avoir empêché de nuire, un nombre de prostituées syphilitiques Insoumises dépassant d'un cinquième (25 au lieu de 19,8) la moyenne des chiffres habituels.

Avant de parler des mesures qui auraient pu ou pourraient encore être prises, je voudrais dire deux mots seulement à propos des lieux d'arrestations des prostituées parisiennes.

On a parlé des gares de chemin de fer et, à ce moment, je n'étais pas documenté suffisamment pour pouvoir répondre. Aujourd'hui, c'est différent, et les résultats que je vais exposer sont, je crois, aussi positifs que peuvent l'être ceux que fournira toujours ce genre d'enquête.

Grâce à un travail inédit que j'avais préparé avant la guerre, il me sera possible d'établir des comparaisons extrêmement suggestives.

En effet voilà ce que j'écrivais il y a six ou huit ans :

En interrogeant chacune de mes malades sur ses antécédents physiques et moraux, j'ai toujours noté le lieu de l'*arrestation*. Quant au domicile, je ne m'en suis jamais occupé, car on sait que le *port d'attache* d'un navire est sans aucun rapport avec le lieu où se font ses *croisières*.

Or, pour me rendre compte des endroits, je ne dis pas où il y a le plus de racoleuses, ceci est un peu différent, mais où la surveillance des mœurs obtient le plus de résultats par des arrestations de femmes *malades,* j'ai pris au hasard 2.500 réponses à cette question : « Où avez-vous été arrêtée? » — Et voici les résultats que j'ai obtenus, résultats qu'on peut suivre sur les tableaux II et IV.

Ces renseignements établissent d'abord : 1º que 2.442 Filles Soumises ou Insoumises vénériennes ont été arrêtées racolant dans l'enceinte de Paris, ce sont celles dont je vais m'occuper ; 2º que 58 autres, soit 2,36 o/o du total des femmes arrêtées ont été prises dans les deux arrondissements de Sceaux et de Saint-Denis.

Mais on trouve là encore bien d'autres sujets de réflexion. Ainsi : le deuxième arrondissement, celui qui contient la Bourse, les gens d'affaires, des voyageurs de commerce, tous gens pressés, ayant de l'argent à dépenser et peu de temps à perdre, arrive en tête avec 296 arrestations ; vient ensuite avec le chiffre 252, le premier arrondissement, ayant une population analogue et contenant, en plus, les Halles avec leur nocturne fourmilière d'approvisionneurs suburbains qui viennent prendre là, et trop souvent hélas ! en échange de leurs marchandises, autre chose que ce qu'ils cherchent ; ensuite le dix-huitième, le fameux Montmartre, les Porcherons du XXᵉ siècle (251 arrestations). Après, vient le dixième arrondissement avec ses deux grandes embouchures de fleuves vivants, la gare du Nord et celle de l'Est, qui déversent journellement sur les boulevards de la Chapelle, de Magenta et de Strasbourg, dans le faubourg Saint-Denis et sur la Place de la République, les provinciaux, les étrangers avides de remporter un souvenir des plaisirs parisiens.

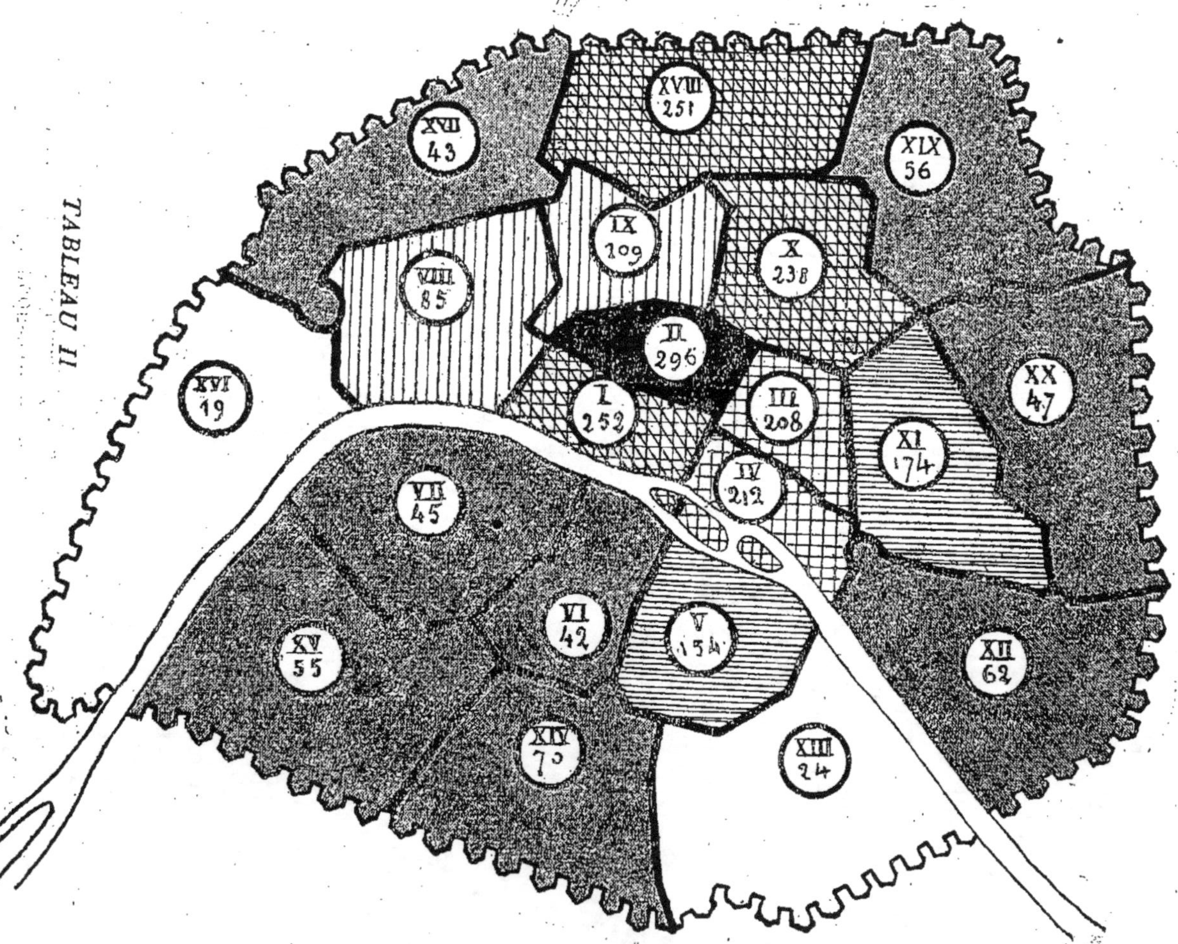

XVII
43
XVIII
251
XIX
56
IX
109
X
238
VIII
85
II
296
I
252
III
208
XX
47
XI
174
XVI
19
IV
212
VII
45
VI
42
V
154
XV
55
XII
62
XIV
70
XIII
24

TABLEAU II

Le troisième et le quatrième arrondissements viennent ensuite avec 208 et 212 arrestations, mais on peut dire que ces vieux restes de l'ancien Paris ne doivent leur densité prostitutionnelle qu'aux deux grandes artères qui les limitent et les traversent, le boulevard Sébastopol et la rue de Rivoli, artères qui, par leurs passants incessamment renouvelés, constituent un pôle d'attraction irrésistible pour la prostitution vénale.

Le onzième et le cinquième suivent avec leur grande foule de jeunesse, jeunesse ouvrière pour le onzième, jeunesse étudiante pour le cinquième, donnant 174 et 155 arrestations. Puis le neuvième et le huitième, avec les chiffres relativement faibles de 109 et 95, sur lesquels je reviendrai tout à l'heure ; puis enfin dix arrondissements qui, sauf le sixième et le septième, sont périphériques, et où les arrestations vont en décroissant de 70 à 19.

Le huitième et le neuvième arrondissements, avec les boulevards les plus élégants, avec leurs passages, leur faubourg Montmartre, leur Chaussée-d'Antin, leur gare et leur rue Saint-Lazare, leurs nombreuses maisons de passe, leurs hôtels *spéciaux*, paraissent bien être et sont en effet les endroits de Paris où la prostitution Soumise et Insoumise, mais du niveau le plus élégant, s'exerce avec le plus de liberté, et surtout en tel nombre que ce sont eux qui donnent à Paris la réputation de ville de plaisir par excellence. Et dans le fait, si on parcourt même en plein jour, à plus forte raison le soir, les voies que je viens d'énumérer, on demeure surpris que ces quartiers ne fournissent pas un chiffre d'arrestations beaucoup plus fort que les autres.

Pourquoi en est-il ainsi ? — C'est que les agents ont peur de se tromper : que, dans ces milieux élégants, ils trouveront à leur surveillance des obstacles plus grands qu'ailleurs, et, dans le public, des souteneurs *inconscients*, plus gênants que les Alphonse de la Bastille ou de la Chapelle, dont, à part les coups de couteau, l'opinion est généralement négligeable ; qu'enfin, faut-il le dire, Cerbère rencontrera Chaussée-d'Antin plus de gâteaux qu'au boulevard Sébastopol ou aux Halles : aussi, et pour toutes ces raisons, voyons-nous 25 arrestations entre les boulevards de la Madeleine (7), des Capucines (3), des Italiens (7) et Montmartre (8), contre 266 pour le seul boulevard Sébastopol et 2.542 pour l'ensemble de Paris.

Les femmes qui fréquentent ces quartiers aristocratiques ont, il est vrai, plus d'argent et se soignent mieux que leurs pauvres camarades ; mais l'ordonnance qu'elles emportent de chez le médecin ne les retiendra que bien rarement dans la tentation de faire *leur commerce*, une *petite passe*, et ne les empêchera nullement, en tout cas, de transmettre l'infection avec la très légère uréthrite, avec la minime papule pour laquelle elles auront demandé une consultation.

Il faut donc être bien persuadé que ces deux arrondissements, le huitième et le neuvième, sont plus dangereux qu'aucun autre, tant par les femmes qui s'y prostituent sur la voie publique, que par celles qui fournissent la clientèle des maisons de passe, plus nombreuses là qu'en aucun lieu de Paris, et que, au point de vue de l'hygiène et de la prophylaxie, ces arrondissements n'offrent que deux avantages (qu'on me pardonne ce mot) : des maisons de tolérance bien surveillées, par conséquent peu dangereuses (1), et des femmes ayant dépassé depuis quatre ou cinq ans au moins l'âge funeste de dix-huit ans que mes observations et celles de mes confrères assignent comme date de l'invasion de la syphilis chez la prostituée (2).

Si l'on s'explique facilement que l'existence calme et tranquille, les rues presque sans boutiques et sans promeneurs du sixième et du septième arrondissements qui forment le faubourg Saint-Germain ne laissent pas grand'chance, à une prostituée, d'y faire ses affaires, on sera, par contre, surpris de voir huit arrondissements, sur neuf formant la périphérie, donner un

---

(1) Le huitième arrondissement n'a pas de maisons de tolérance, le neuvième en a peu, mais le premier et le deuxième en ont 18 avec 220 femmes environ répondant à toutes les échelles sociales et à toutes les bourses. Quelques-unes d'entre elles placées aux confins des huitième et neuvième arrondissements puisent leur riche clientèle dans les quartiers luxueux dont je viens de parler.

(2) Conférence de Bruxelles, 1899, t: I, Rapport Le Pileur, p. 46.

.total d'arrestations (376) atteint ou dépassé par deux quel-
conques des arrondissements du centre. C'est qu'en effet, sauf
Montmartre, dont le genre de cafés et d'exhibitions attire le
monde qui s'amuse, partout ailleurs ce ne sont que : ou petits
hôtels et habitations de rentiers, Passy, Auteuil, Plaine-Mon-
ceau, les Batignolles; ou, pour les six autres, des quartiers
populeux, mais pauvres, avec de nombreuses fabriques ou
usines, appareillant les couples sans leur donner la peine de
courir l'aventure et fournissant toute satisfaction aux céliba-
taires endurcis, au moyen des 200 femmes de leurs dix-huit
maisons de tolérance, plus du tiers de ce que Paris entier
possède sous ce rapport.

Si l'on veut me permettre, ici, une parenthèse, je dirai, à
ce propos, que les maisons de tolérance aussi subissent toujours la même loi économique de l'offre et de la demande.
Nombreuses et appropriées à toutes les positions sociales
dans les quartiers où la prostitution errante s'exerce le plus,
elles se maintiennent presque sans variations dans les quartiers
qu'en peut appeler spéciaux, tels que la Villette (XIXᵉ) et Grenelle (XVᵉ), où les ouvriers d'abattoirs, les hommes de ports,
enfin les militaires, gens de passage ou hommes pressés,
veulent trouver tout de suite ce qu'il leur faut, sans perdre de
temps à ébaucher une liaison, alors qu'au contraire le XXᵉ
et le XIIᵉ, c'est-à-dire les quartiers de la grande industrie, non
seulement alimentent à peine les deux maisons qu'ils possè-
dent en tout, mais ne coutiennent que de rares *pierreuses* ou
les pires femelles de souteneurs. Et cela, par cette bonne
raison déjà énoncée, que la foule innombrable des jeunes
ouvrières habitantes de ces quartiers et y travaillant, offre un
champ trop facile à la séduction et au concubinage plus ou
moins prolongé qui la suit, pour que les Don Juan d'ateliers
hésitent un instant à en profiter.

Cette manière de pratiquer les relations sexuelles est-elle
plus morale, jette-t-elle moins de trouble dans la Société que
celle qui se pratique ailleurs? Belleville, le faubourg Saint-
Antoine, Sainte-Marguerite ont-ils raison sur la Villette et le
boulevard de Grenelle? Quelques-uns pensent que oui, et,
dans leur horreur, non de la prostitution mais de la *surveil-*

lance, non de la prostituée mais des règles que l'administration lui impose, seraient disposés, pour un peu, à *idylfier* ces liaisons d'une nuit ou d'un an qui perdent et pourrissent jeunes filles et jeunes gens.

Pour d'autres : le soldat, le manœuvre qui, la journée finie, vont passer une heure au *gros numéro* du voisinage, ne troublent pas la *famille sociale*, la *communauté*. Ils la troublent moins, à leur avis, que le Lovelace de faubourg qui, peut-être bien intentionné au début, ne tarde pas à imiter les camarades et, de conquête en conquête, s'en va déshonorant de pauvres filles, semant les grossesses ou la vérole, quelquefois le suicide et presque toujours la misère, bientôt suivie de sa compagne presque fatale, la prostitution, quand lui-même n'a pas été, dès l'abord, l'instigateur intéressé de cette dernière phase.

Sans doute il vaudrait mieux être chaste, mais la Chasteté c'est comme la Paix, on en parle toujours et on ne l'observe pas souvent.

Faudra-t-il donc éternellement citer Caton aux libres-penseurs, saint Thomas et saint Augustin aux gens religieux qui de part et d'autre abandonnent leurs vieilles querelles pour s'unir dans l'abolitionnisme ? Le philosophe stoïcien (1) et l'auteur de la *Cité de Dieu* aussi bien que celui de la *Somme* (2) reconnaissaient la nécessité d'une sentine; celle-ci n'est-elle plus nécessaire ?

Mais revenons à la prostitution parisienne après la mobilisation.

En refaisant, à cette époque, la même enquête que dix ans auparavant, j'ai pu construire un autre schéma (Tab. III) qui de

---

(1) Qui ne connaît le mot de Caton à un jeune homme sortant du lupanar ? « Je te loue de cette action, oh! jeune homme. Cela ne vaut-il pas mieux que de porter la honte dans la maison d'un ami ? » Il est vrai que rencontrant le lendemain le même jeune homme sortant de la même maison : « Hier, lui dit-il, je t'ai applaudi d'user de cette sentine, mais je ne t'ai pas dit d'en faire ta demeure ! »

(2) Saint Thomas, *Somme*, II.

même que le Tableau II représente, au moyen de nuances plus ou moins foncées, suivant leur nombre plus ou moins grand, les arrestations de femmes *malades* opérées dans les vingt arrondissements de Paris, et je pense que ces figures, en donnant d'une façon à peu près exacte la répartition géographique des lieux où s'exerce la prostitution, viendront fixer les idées qu'on peut se faire, après avoir lu ce qui précède.

Par cette enquête poursuivie depuis août 1914, j'ai, de 1047 prostituées malades, obtenu les réponses suivantes :

Ont été arrêtées à leur visite.		28
— — chez elles (dénonciation). .		7
— — en banlieue		27
— — dans Paris		985
	Total. . .	1047

Mais si on établit leur répartition dans les vingt arrondissements, on est frappé par la différence qui existe entre les deux schémas. Grâce aux tableaux III et IV, on voit combien, depuis la guerre, la prostitution vulgivague a modifié, non pas ses allures, mais ses préférences quant à son terrain de chasse. Ainsi, par ordre de fréquence d'arrestations, le Xe arrondissement (gares du Nord et de l'Est) qui, avant la guerre, n'occupait que le quatrième rang, monte à la première place, dépassant de beaucoup tous les autres. Le XVIIIe (Clignancourt, Montmartre, La Chapelle) a peu changé, puisqu'il était le troisième avant la guerre, et cela s'explique par sa population des barrières, dont l'armée n'a pas modifié les mœurs.

Il serait oiseux de prolonger ces comparaisons pour les différents quartiers de Paris. Le lecteur, aidé de mes tableaux, pourra se faire à lui-même l'explication de ces différents états ; je tiens seulement à insister sur ce fait, c'est que, ainsi du reste qu'on s'y attendait, les gares de chemins de fer sont devenues les points d'attraction les plus importants. La gare de Lyon occupe le cinquième rang, alors qu'elle n'était qu'au douzième en temps ordinaire ; j'en dirai

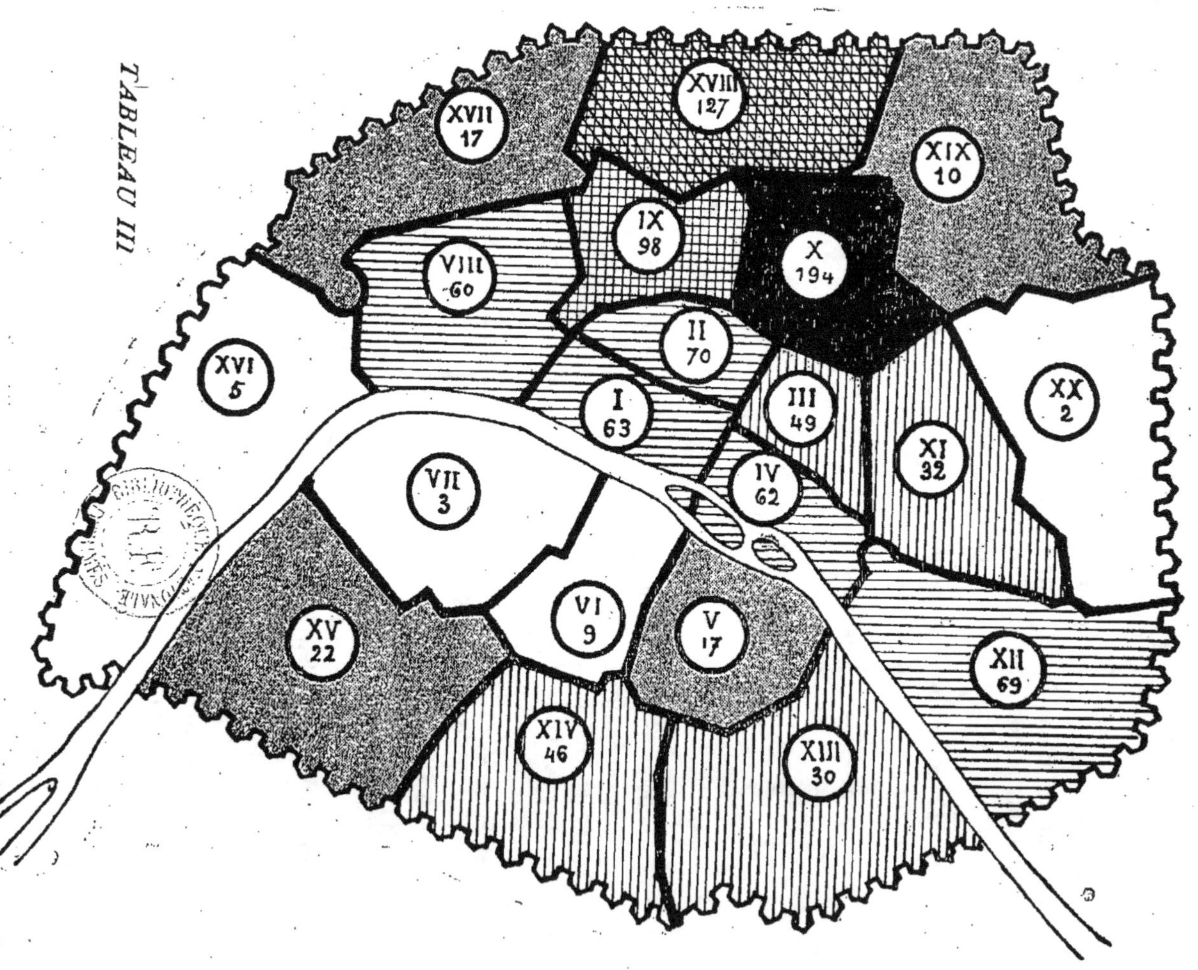

TABLEAU III
XVII 17
XVIII 127
XIX 10
IX 98
X 194
VIII 60
XX 2
II 70
III 49
XI 32
I 63
IV 62
XVI 5
VII 3
VI 9
V 17
XV 22
XIV 46
XIII 30
XII 69

autant des gares Saint-Lazare et d'Orléans qui, du dixième et dix-neuvième rang, sont venues occuper le huitième et le douzième.

Quand je parle des gares, je parle, bien entendu, de leurs alentours, de leurs approches et non de leur intérieur, où personne ne peut plus entrer sans des raisons majeures. Quelques-uns de nos plus savants collègues se sont étendus longuement sur ce qu'avait de choquant la présence à l'intérieur des gares, tout au moins dans leur enceinte, de filles en cheveux et d'un acabit qui laissait peu de doute sur leur état social. J'ai déploré moi-même bien des fois un pareil état de choses; mais quoi ! devant la nation armée de vingt à quarante-six ans, que le soldat porte un pantalon rouge ou une capote horizon, comment distinguer le fils d'un Conseiller d'Etat d'un souteneur. Egaux devant la mitrailleuse allemande, ils rapportent peut-être tous les deux la Croix de guerre et une citation ! Sur quel point portera la différence à établir entre la femme ou la sœur du premier, entre la sœur ou l'*amie* du second. L'allocation attribuée à cette dernière, semble lui donner des droits qu'il est difficile de lui enlever, et on a pris le bon moyen en fermant résolûment les portes à tout le monde. C'était dur, mais, de cette façon au moins, le scandale a été, en partie, évité.

Cependant il y avait, je crois, autre chose à faire, et puisque nous faisons de la prophylaxie, je ne vois pas pourquoi j'hésiterais à exposer mes idées.

1º Je n'aurais laissé rentrer dans Paris que les militaires y ayant leur domicile ou leur famille, tous les autres auraient été dirigés par les gares du chemin de fer de Ceinture sur les gares correspondantes des lignes qu'ils devaient prendre. On n'aurait pas eu ainsi le spectacle de pauvres diables perdant leur chemin, volontiers ou sans le faire exprès, en allant d'une gare à l'autre, et n'atteignant leur but qu'après les plus tristes aventures, dont la moindre est d'être allégés de leur argent.

2º Ces mêmes militaires n'auraient été envoyés en permission qu'après un examen TRÈS SÉVÈRE de toutes leurs

TABLEAU IV INDIQUANT PAR ARRONDISSEMENT LA DENSITÉ DES ARRESTATIONS

DES PROSTITUÉES MALADES

Clast d'après les arrest.	Groupes	Arrondiss.	AVANT LA GUERRE Principales localités	Arrestations	Clast d'après les arrest.	Groupes	Arrondiss.	DEPUIS LA GUERRE	Arrestations
1	1ᵉʳ	II	R. Vivienne au Bd Bonne-Nouvelle......	296	1	1ᵉ	X	Gares Nord et Est, bd Strasb.-Magenta.	194
2		I	Halles, Palais-Royal................	252	2	2ᵉ	XVIII	Clignancourt, La Chapelle............	127
3	2ᵉ	XVIII	Clignancourt, La Chapelle............	251	3	3ᵉ	IX	Faubourg Montmartre, Chaussée-d'Antin.	98
4		X	Gares Nord et Est, Bd Strasb.-Magenta..	238	4	4ᵉ	II	Rue Vivienne au bd Bonne-Nouvelle.....	70
5	3ᵉ	IV	Hôtel-Ville, Tour St-Jacques, Rue Rivoli.	212	5		XII	Gares Vincennes, Lyon, Bastille.........	69
6		III	Arts-et-Métiers, Boulevard Sébastopol..	208	6		I	Halles, Palais-Royal...................	63
7	4ᵉ	XI	Boulevard Richard-Lenoir, Roquette.....	174	7		IV	Hôtel-de-Ville, Tour St-Jacques, r. Rivoli.	62
8		V	Panthéon, Les Ecoles.................	154	8		VIII	Gare Saint-Lazare, Madeleine..........	60
9	5ᵉ	IX	Faubourg Montmartre, Chaussée-d'Antin.	109	9	5ᵉ	III	Arts-et-Métiers, boulevard Sébastopol....	49
10		VIII	Gare Saint-Lazare, Madeleine..........	85	10		XIV	Avenue d'Orléans, place Denfert........	46
11	6ᵉ	XIV	Avenue d'Orléans, Place Denfert........	70	11		XI	Boulevard Richard-Lenoir, Roquette....	32
12		XII	Gares de Vincennes, Lyon, Bastille.....	62	12		XIII	Gare d'Orléans, place d'Italie...........	30
13		XIX	La Villette........................	56	13	6ᵉ	XV	Vaugirard, Grenelle.................	22
14		XV	Vaugirard, Grenelle.................	55	14		V	Panthéon, Les Ecoles.................	17
15		XX	Belleville, Charonne.................	47	15		XVII	Batignolles.........................	17
16		VII	Invalides, Ecole Militaire	45	16		XIX	La Villette..........................	10
17		XVII	Batignolles.........................	43	17	7ᵉ	VI	Rue Rennes, gare Montparnasse........	9
18		VI	R. Rennes, Gare Montparnasse.........	42	18		XVI	Passy, Auteuil.......................	5
19	7ᵉ	XIII	Gare d'Orléans, Place d'Italie..........	24	19		VII	Invalides, Ecole Militaire.............	3
20		XVI	Passy, Auteuil......................	19	20		XX	Belleville, Charonne.................	2
				2.442					985

muqueuses. Ce même examen aurait été renouvelé à leur retour au corps.

3° Sans se faire l'organisateur de lupanar, mais pour éviter les tristes résultats connus des condottieri du XVI° siècle, j'aurais voulu que l'administration de l'armée connût l'existence et le personnel des cabarets où nos braves soldats allaient se délasser un peu dans leurs moments de repos. Là, une visite quotidienne aurait été imposée *à chacun* et *à chacune* ; peut-être ainsi serait-on arrivé à diminuer le nombre effrayant des contaminés des deux sexes.

4° Enfin, il aurait fallu que l'autorité militaire, ou se substituant au pouvoir civil, ou lui imposant sa volonté, mît tous les cabarets, bars ou cafés sous la même surveillance administrative, et qu'un agent, un gendarme, eussent pu entrer dans un de ces débits et y saisir une fille suspecte, alors que les règlements ordinaires leur en *refusent le droit*. Ai-je besoin de dire que ces mesures auraient dû être appliquées, non seulement à Paris, mais dans le département de la Seine, comme du reste, dans toute la zone des armées.

Paris. — Impr. R. TANCRÈDE, 15, rue de Verneuil.